Sina Nuêmo

Horoskopdeutung für die Mutter

Sina Nuêmo

Horoskopdeutung für die Mutter

Die Tiefen des Lebens ergründen

Goldene Rakete Verlag für Belletristik

Imprint

Cover image: www.ingimage.com

Publisher:
Goldene Rakete Verlag für Belletristik
is a trademark of
International Book Market Service Ltd., member of OmniScriptum Publishing Group
17 Meldrum Street, Beau Bassin 71504, Mauritius

Printed at: see last page
ISBN: 978-620-2-44446-0

Inhaltsverzeichnis[1]:

I. Psychologischer Grundtyp .... S. 5
i. Der Willenstyp als Lebensaufgabe .... S. 5

II. Erscheinungsbild .... S. 6
i. Ein liebenswürdiges und flexibles Auftreten .... S. 6
ii. Durchsetzung ist anstrengend .... S. 7
iii. Aufforderung zu mehr Größe .... S. 8
iv. Die Schwierigkeit, der eigenen Stärke Ausdruck zu verleihen S. 9

III. Gesellschaftliche und berufliche Zielvorstellungen .... S. 10
i. Sich im Beruf zu Hause fühlen .... S. 10
ii. Selbstverwirklichung in Beruf und Privatleben .... S. 11
iii. Mentale Fähigkeiten im Beruf einbringen .... S. 12
iv. Verantwortung im Beruf .... S. 13

IV. Wesenskern und Wille .... S. 14
i. Die Tiefen des Lebens ergründen .... S. 14
ii. Sich sein und sich zeigen .... S. 15
iii. Wollen und Fühlen im Einklang .... S. 16
iv. Klare, subjektive Ansichten .... S. 17
v. Persönliche Freiheit über alles .... S. 18
vi. Die Aufforderung, eine starke Persönlichkeit zu entwickeln .. S. 20

V. Gefühle und Temperament .... S. 22
i. Überschaubarkeit als Voraussetzung für Wohlbefinden ...... S. 22
ii. Das Bedürfnis nach Gruppenzugehörigkeit .... S. 23

[1] Vgl. Anita Cortesi und V*S, Text, Horoskop und Deutung.

iii. Denken und Fühlen im Einklang .... S. 24
iv. Es soll etwas laufen .... S. 25
v. Emotionale Bedürfnisse lenken vom Ziel ab .... S. 26

VI. Kommunikation und Denken .... S. 27
i. Ein forschender und fragender Geist .... S. 27
ii. Verstand, Wissen und Sprache .... S. 28
iii. Zu Hause im Reich der Ideen und Vorstellungen .... S. 29
iv. Die Macht des Geistes .... S. 30

VII. Beziehung und Ästhetik .... S. 32
i. Gemeinsamkeit in Liebe und Harmonie .... S. 32
ii. Der Wunsch nach einer romantischen Liebe .... S. 33
iii. Im Spannungsfeld von Nähe und Durchsetzung .... S. 34
iv. Wie viel Optimismus ist gesund? .... S. 36

VIII. Handlung und Durchsetzung .... S. 37
i. Zielgerichtetes Handeln .... S. 37
ii. Geistige und körperliche Beweglichkeit ist gefragt .... S. 38
iii. Eine optimistische Einstellung gewährleistet gutes Gelingen . S. 39
iv. Ein Ansporn zum individuellen Handeln .... S. 40
v. Durchsetzung mit Einfühlungsvermögen .... S. 41

IX. Die Suche nach Sinn und Wachstum .... S. 42
i. Der Glaube an Strukturen und Ziele .... S. 42
ii. Wachstum durch Sich-Mitteilen .... S. 43
iii. Der Wunsch, alles Schwere abzustreifen .... S. 44
iv. Der Ruf nach Eins-Sein .... S. 45
v. Das Leben ausschöpfen .... S. 46

X. Die Suche nach Struktur und Ordnung .... S. 47
i. Die Pflicht, Hingabe mit Maß zu üben .... S. 47
ii. Die Forderung nach einem perfekten Alltag .... S. 48
iii. Zwischen Traum und Wirklichkeit .... S. 49
iv. Sicherheit aus dem Dunklen schöpfen .... S. 50

XI. Das Bedürfnis nach Veränderung .... S. 51
i. In einem wuchtig-trägen Zeitgeist geboren .... S. 51
ii. Lebendige Partnerschaft .... S. 52
iii. Der Traum von der idealen Welt .... S. 53

XII. Die Sehnsucht nach Auflösung und Hingabe .... S. 54
i. Kollektive Idealisierung von Sachlichkeit und Vernunft .... S. 54
ii. Ein hohes Gruppen- und Freundschaftsideal .... S. 55

XIII. Die dunkle Seite .... S. 56
i. Die Macht des Selbstvertrauens .... S. 56
ii. Eine einflussreiche Stellung .... S. 57

XIV. Mondknotenachse – Eine Lebensaufgabe .... S. 58
i. Zwischen Gegensätzen ein Gleichgewicht finden .... S. 58

XV. Chiron – Der verwundete Heiler .... S. 60
i. Sich auf Gefühle einlassen ist ein heikles Thema .... S. 60
ii. Verletzlich in Meinungsfragen .... S. 61
iii. Der Weg von Ichbezogenheit zu innerer Gelassenheit .... S. 62
iv. Nicht alles zu wissen, schafft Raum für intuitives Denken ..... S. 63
v. Schwächen liebevoll annehmen .... S. 64

XVI. Lilith – Die weibliche Kraft der Seele .... S. 66

i. Das Ringen um die absolute Wahrheit .... S. 66

ii. Das Bedürfnis, sich in die materielle Welt einzugeben .... S. 67

iii. Die Auseinandersetzung mit dem Mutterbild .... S. 68

iv. Liebe hat auch eine dunkle Seite .... S. 70

v. Der unerbittliche Sog nach innen .... S. 71

vi. Ein Anstoß, verborgene Anlagen zu entfalten .... S. 72

I. Psychologischer Grundtyp

i. Der Willenstyp als Lebensaufgabe

Aufgrund Ihres Geburtsbildes dürfte Ihnen der Umgang mit Willen und Spontaneität nicht ganz einfach fallen. Es fehlt Ihnen sozusagen das Werkzeug, um den eigenen Willen kundzutun und sich spontan durchzusetzen. Wie um einen inneren Ausgleich zu schaffen, betreiben Sie eventuell risikoreiche Sportarten oder sind in irgendeinem Bereich Ihres Lebens ein Pionier. Denkbar ist auch, dass Sie mutige, initiative und tatkräftige Menschen, die voller Elan ihre Vorstellungen verwirklichen, bewundern. Unter anderem mögen Spitzensportler zu Ihren Favoriten gehören. Auch die Wahl eines entsprechenden Partners bringt Sie in Kontakt mit diesen Eigenschaften. Feuer und Feuerwerk mag Sie ganz besonders faszinieren oder auch ängstigen. Vermutlich war das innere Bedürfnis, sich spontaner darzustellen, die eigenen Anliegen offen zu vertreten und Vorstellungskraft und Kreativität vermehrt einzubeziehen, auch eine wichtige – unbewusste – Motivation in Ihrer Berufswahl. Indem Sie im Beruf sich für eine Sache oder andere Menschen durchsetzen, „üben“ Sie, auch für sich selber geradezustehen und sich zu zeigen.

II. **Erscheinungsbild**

i. Ein liebenswürdiges und flexibles Auftreten

Als freundlicher Mensch gehen Sie mit viel Takt und Liebenswürdigkeit auf Ihre Mitmenschen zu. Harmonie ist Ihnen wichtig. Einerseits schätzt man Ihr friedliebendes und kompromissbereites Verhalten, andererseits riskieren Sie, für uninteressant und oberflächlich gehalten zu werden, wenn Sie zu sehr auf andere eingehen und Ihre Eigenart zu wenig zeigen. Das Leben fordert Sie immer wieder auf, Beziehungsfähigkeit, Harmonie, Schönheitssinn, diplomatisches Geschick und Anpassungsfähigkeit nicht nur als „Maske" nach außen zu zeigen, sondern zu Ihren inneren Qualitäten werden zu lassen. Indem Sie die Rollen des liebenswürdigen und Harmonie vermittelnden Menschen spielen, wird die Fähigkeit, Ausgleich zu schaffen, zu einem Teil Ihrer Persönlichkeit. Sie haben die Fähigkeit, das Schöne in der Welt, in Mensch und Natur zu sehen. Damit verbunden ist auch eine Tendenz, die Umwelt nach dem Motto: „Harmonie ja, Konflikt nein!" zu beurteilen. Wenn Sie aus dieser friedliebenden Grundhaltung Konflikten zu sehr ausweichen, kann es Ihnen passieren, dass Sie gerade deshalb keine echte Harmonie erreichen. Sind Sie sich selbst gegenüber ganz ehrlich, so finden Sie vermutlich zahlreiche Situationen, in denen Sie dieses oder jenes sagten und taten, um sich beliebt zu machen. Sie spielen dann dem Gegenüber etwas vor, und unweigerlich spielen Sie auf diese nicht ganz offene und ehrliche Art auch die Mitmenschen gegeneinander aus. Sie brauchen Beziehungen, und Sie schaffen sich die beste Voraussetzung für eine wirkliche Begegnung, wenn Sie rückhaltlos offen und ehrlich sind.

ii. Durchsetzung ist anstrengend

Offene Durchsetzung fällt Ihnen nicht immer leicht. Zwischen dem, was Sie von sich zeigen, und dem, was Sie eigentlich zum Ausdruck bringen möchten, dürfte ein erheblicher Unterschied bestehen. So kennen Sie vermutlich auch das Gefühl der inneren Zerrissenheit, wenn Sie etwas tun und eigentlich etwas anderes zum Ausdruck bringen wollen. Diese Spannung kann zu einer Belastung im Leben werden oder zur Motivation, vermehrt gemäß Ihrer Eigenart zu handeln und sich durchzusetzen.

iii. Aufforderung zu mehr Größe

Sie haben wie jeder Mensch eine Vision vom idealen Leben. Doch gelingt es Ihnen vermutlich kaum auf Anhieb, Ihren Idealen so Ausdruck zu verleihen, wie Sie es gerne möchten. Wie Sie wirklich im Kontakt mit der Umwelt sind und wie Sie es sich vorstellen, sind zwei allzu verschiedene Dinge. Doch Gegensätzliches und innere Spannungen können zur Motivation werden, etwas Neues wachsen zu lassen, beispielsweise immer wieder zu versuchen, Ihre Vision konkret umzusetzen, auch wenn es vorerst nur ansatzweise gelingt. Je mehr auch Ihre Weitherzigkeit und Ihr Optimismus im Kontakt zur Umwelt freien Lauf erhalten, desto gelöster und zufriedener dürften Sie sich fühlen.

iv. Die Schwierigkeit, der eigenen Stärke Ausdruck zu verleihen

Ihrer Kraft und Energie Ausdruck zu verleihen, fällt Ihnen nicht einfach. So spüren Sie vielleicht, wie es im Innern brodelt, finden aber nur unter Anstrengung einen geeigneten Weg, Ihre Energie zu zeigen und in den direkten Kontakt mit der Umwelt fließen zu lassen. Eine machtvolle und charismatische Ausstrahlung ist zwar als Anlage vorhanden, jedoch muss der Schatz erst ausgegraben werden. Und wie im Märchen lauern Gefahren, beispielsweise dass Sie Ihre Macht missbrauchen und andere manipulieren oder überrollen, oder dass Sie selbst Opfer von allzu dominanten Personen werden. Zur eigenen Stärke zu stehen und diese am richtigen Ort einzusetzen, ist eine Aufgabe, die Sie über Jahrzehnte Ihres Lebens immer wieder neu fordert.

III. Gesellschaftliche und berufliche Zielvorstellungen

i. Sich im Beruf zu Hause fühlen

In der Öffentlichkeit zeigen Sie sich von einer warmen und herzlichen Seite. Sie legen Wert auf einen einfühlsamen und rücksichtsvollen Umgang mit den Mitmenschen und betonen die emotionalen, häuslichen und familiären Belange. Auch Ihr Berufsleben ist von diesen Qualitäten gefärbt. Ihre beruflichen Zielvorstellungen sind geprägt von emotionalen Qualitäten wie Fürsorglichkeit, Geborgenheit, Mutter-Kind-Beziehung, Nestwärme, Heim und Herkunft. Sie streben eine Stellung an, in der Sie diese Eigenschaften ausdrücken und in irgendeiner Form „Mutter“ sein können. Dies kann ein Beruf mit fürsorglichen Aufgaben, eine soziale Tätigkeit oder eine eigene Familie sein. Sie möchten Ihre empfindsame Seite einfließen lassen und brauchen deshalb ein berufliches Umfeld mit einem warmen und herzlichen Arbeitsklima, um Ihre volle Leistung zu erbringen. Beruf und Privatleben können Sie auch gut verbinden, denn Sie erleben den Beruf nahezu als ein zweites Zuhause.

ii. Selbstverwirklichung in Beruf und Privatleben

Im Spannungsfeld von Beruf und Familie, vom verantwortungsbewussten In-die-Welt-Hinaustreten und einem einfühlsamen Nach-innen-Horchen steht ein Ich oder ein Wille, der sich möglichst in beiden Bereichen zum Ausdruck bringen möchte, diese jedoch als schwer vereinbar erlebt und mit einiger Wahrscheinlichkeit den einen Bereich wählt und den anderen aus seinem Leben ausschließt. Die innere Spannung lässt sich so nicht lösen. Sie werden vermutlich immer wieder von Leben aufgefordert, sowohl dem Bedürfnis nach beruflicher Anerkennung wie auch demjenigen nach Geborgenheit Rechnung zu tragen. Was in jungen Jahren vielleicht schwierig ist, wird so im Laufe der Zeit zu einem gut funktionierenden Zusammenspiel von Beruf und Privatleben.

iii. Mentale Fähigkeiten im Beruf einbringen

Vermutlich würden Sie Ihre denkerischen und kommunikativen Fähigkeiten gerne mehr in Beruf und Gesellschaft einbringen. Doch dürften Sie immer wieder erleben, dass das, was Sie sagen, nicht gefragt ist, oder dass Ihnen im richtigen Moment die richtigen Worte fehlen. In einem Bild ausgedrückt strömt der Gedanken- und Redefluss nicht ungehindert in ihr berufliches Umfeld. Es stehen unsichtbare Hindernisse im Weg, an die Sie so lange immer wieder anstoßen bis Sie sich wirklich um eine Änderung bemühen. Je mehr Sie also versuchen, Ihre Gedanken auch dort einzubringen, wo Sie auf Unverständnis und Widerstand stoßen, desto mehr werden Denken, Wissen und Sprache zu einem gut geschulten Werkzeug, das Sie immer besser einsetzen können.

iv. Verantwortung im Beruf

Eine klare Linie, ein Ziel, das es zu erreichen gilt, und eine beachtliche Bürde Verantwortung gehören für Sie fast untrennbar zu Ihrer beruflichen oder öffentlichen Stellung. Sie möchten vermutlich als Autorität geachtet werden und dürften sich auch mit Fleiß und Ausdauer eine entsprechende Position erarbeiten. Der Satz „ohne Fleiß kein Preis" mag für Sie eine selbstverständliche Lebensweisheit beinhalten.

IV. **Wesenskern und Wille**

i. Die Tiefen des Lebens ergründen

Ihr Wesenskern ist tiefgründig, leidenschaftlich und geheimnisvoll. Sie möchten ergründen, was unter der Oberfläche liegt. Intensität ist wichtig, und Sie gehen deshalb ganz in eine Situation hinein und identifizieren sich damit; man könnte sagen, Sie „durchwühlen" dies bis in alle Tiefen. Dabei sind Sie kritisch und konsequent und nehmen auch in Kauf, dass etwas kaputtgehen könnte. Leben heißt für Sie Intensität und Tiefe. Ein ruhiges Dasein mit einem regelmäßigen Tagesablauf könnte leicht zu oberflächlich und langweilig werden. Das kann heißen, dass Sie erst in schwierigen Situationen so richtig aufblühen und viel Zähigkeit und Belastbarkeit zeigen. Vielleicht neigen Sie manchmal zum Grübeln und verbeißen sich allzu sehr in ein Problem, das – objektiv aus Distanz betrachtet – leichter zu lösen wäre. Fanatismus könnte manchmal recht nahe liegen. Sie reagieren heftig und wollen Menschen und Dinge ergründen und vielleicht auch beherrschen. Auch teilen Sie nicht alles mit Ihren Mitmenschen, sondern hüten Ihre Geheimnisse sorgfältig. Sie haben einen zähen Willen und werden ausführen, was Sie sich in den Kopf gesetzt haben, ohne sich groß beeinflussen zu lassen. Auch steht Ihnen ein außergewöhnliches Maß an Energie und Ausdauer zur Verfügung. Vielleicht halten Sie manchmal zu sehr an Ihrem Konzept fest. Ein einmal geplantes Projekt führen Sie mit eiserner Konsequenz zu Ende, auch wenn sich die äußeren Bedingungen verändert haben. Die eine Seite der Münze ist überdurchschnittlich viel Energie und Ausdauer. Auf der anderen Seite derselben Münze stehen unflexible Vorstellungen und eine Leidensbereitschaft, die fast schon masochistische Züge tragen kann.

ii. Sich sein und sich zeigen

Das Leben fordert Sie auf, die oben beschriebenen Qualitäten spontan zu zeigen und Ihr Licht nicht unter den Scheffel zu stellen. So treffen Sie auf ein vorwiegend positives Echo, wenn Sie wissen, was Sie wollen, es verstehen, Ihrem Willen Ausdruck zu verleihen, und sich nicht ohne weiteres aus der Fassung bringen lassen. Sie möchten kein Zögern kennen und schwierige Situationen schnell erfassen. Je mehr Sie zu Ihrer Ich-Identität und Selbstsicherheit finden, desto besser können Sie Ihren eigenen Weg gehen, ohne nach der Meinung anderer zu fragen. Dabei dürften Sie immer wieder erleben, dass die Umwelt selbstsicheres Auftreten, Mut und Initiative von Ihnen erwartet. Sie brauchen Ihren „Platz an der Sonne“, eine Stellung, die Ihnen Beachtung einbringt. So ist es wichtig, dass Sie Ihr Tagewerk nicht im verborgenen Kämmerlein verrichten, sondern sich mit all Ihren Stärken und Schwächen zeigen.

iii. Wollen und Fühlen im Einklang

Das männliche Willensprinzip steht in harmonischer Verbindung mit dem weiblichen Gefühlsprinzip. Sie sehen Vater und Mutter, Mann und Frau als unterschiedliche und sich ergänzende Wesen. Mit dieser Grundhaltung fallen Ihnen Beziehungen zum anderen Geschlecht relativ leicht. Wollen und Fühlen bilden ein ausgewogenes Gleichgewicht. Dies vermittelt Ihnen Menschlichkeit, Wärme und eine spontane und herzliche Ausstrahlung. Um Ihren Willen gezielt für ein Projekt einsetzen zu können, müssen Sie dieses auch gefühlsmäßig als richtig empfinden. Ist dies der Fall, so können Sie mit den vereinten Kräften von Wille und Gefühl Ihren Vorsatz in die Tat umsetzen. Sie handeln dann mit großer innerer Sicherheit und der Empfindung von „Richtigkeit“ und wirken überzeugend und natürlich. Stures und mechanisches Vorgehen ist Ihnen eher fremd. Vieles geht Ihnen leicht von der Hand. Dies könnte Sie zu Bequemlichkeit verleiten. Gerade weil Ihre angeborene Fähigkeit, mit Menschen umzugehen, Ihnen selbstverständlich erscheint, nutzen Sie diese möglicherweise zu wenig. Da das Lustprinzip mit dem Willen in Einklang steht, haben Sie eine nicht zu unterschätzende Fähigkeit, Ihr Leben so zu gestalten, dass Sie sich dabei wohlfühlen. Langfristig werden Sie das tun, was für Sie notwendig und gut ist.

iv. Klare, subjektive Ansichten

Wille und Verstand sind unzertrennlich miteinander verbunden. Ihr Wesen und Ihre Sicht des Lebens können Sie gedanklich gut erfassen. Sie überlegen sich, was Sie wollen, denken Ihre Projekte von A bis Z durch und formulieren sie klar. Sie können Ihre Ansichten im Gespräch vermutlich geschickt vertreten. In Diskussionen übernehmen Sie bevorzugt die aktive Rolle. Fremde Überzeugungen bringen Sie kaum von Ihrer Linie ab. Da der Verstand sozusagen im Dienste des Willens steht, dürften Sie unter anderem über ein beachtliches Talent als Gesprächsleiter verfügen. Diese Verbindung von Verstand und Wille hat neben der oben beschriebenen positiven Seite auch eine schwierigere Komponente. Da der Verstand so eng mit dem Willen kooperiert, kann er einiges an Objektivität einbüßen. Es könnte Ihnen geschehen, dass Sie – ohne es zu merken – eine Situation allzu sehr aus Ihrer persönlichen Perspektive beurteilen. Die neigen dazu, Ihre Meinung als unumstößliche Wahrheit anzusehen und zu vertreten.

v. Persönliche Freiheit über alles

In einem Teil Ihrer Persönlichkeit möchten Sie Freiheit, Unabhängigkeit und Selbsterkenntnis. Wie ein Vogel über dem Land seine Kreise zieht und alles überblickt, möchte dieser Teil aus einer lichten geistigen Distanz Zusammenhänge und Möglichkeiten sehen. Er lebt im Reich der Ideen und bringt tausend Vorschläge, wie alles verändert werden könnte. So möchten Sie vermutlich viel mehr oder etwas anderes, als in Ihren konkreten Möglichkeiten steht. Diese Spannung äußert sich beispielsweise, wenn Sie sich für etwas engagieren und dabei ein Stück weit Ihre Freiheit aufgeben. Sie fühlen sich eingeengt, ein innerer Rebell meldet sich und reißt Sie vielleicht sogar aus der Situation heraus. Langjährige Verpflichtungen empfinden Sie als lästige Fesseln, die es baldmöglichst abzustreifen gilt. Diese Neigung kann Sie daran hindern, langfristige Ziele anzugehen und das Leben in geordnete Bahnen zu lenken. Sie erleben beispielsweise Stresssituationen, sind ungeduldig oder haben Mühe, sich irgendwo einspannen zu lassen. Sie beginnen Neues, brechen es wieder ab oder krempeln im letzten Moment alles wieder um und sind dabei ziemlich wütend auf sich, weil Sie ja eigentlich bei der Sache bleiben wollen. Oder Sie suchen sich Menschen, die geistige Anregung oder auch Stress und Unruhe in Ihr Leben bringen, die unzuverlässig oder exzentrisch sind und sich einfach nicht an die vorhandenen Normen halten wollen. Diese Spannung können Sie jedoch auch positiv nutzen. Beispielsweise könnten Sie sich selbständig machen und hätten als Ihr eigener Chef den nötigen Spielraum. Oder Sie benützen Ihr Improvisations- und Erfindertalent und Ihre Fähigkeit, Zusammenhänge schnell zu erkennen. Auch eine Beschäftigung mit Computern oder in der Technik bringt Sie der schwerelosen Atmosphäre dieses Themas auf eine gute Art näher. Und nicht zuletzt könnten Sie ganz einfach etwas Besonderes tun. Wichtig ist, dass Sie sich viel persönlichen Spielraum und einen eigenwilligen Lebensstil zugestehen. Grundsätzlich lässt Sie diese innere Unruhe beständig auf der Suche sein und ist so letztlich ein Antrieb für neue Erfahrungen und mehr Selbsterkenntnis.

vi. Die Aufforderung, eine starke Persönlichkeit zu entwickeln

Ihr Geburtsbild zeigt symbolisch ein Machtthema auf. Es lässt vermuten, dass Sie Ihren Vater oder eine andere wichtige Bezugsperson Ihrer Kindheit als machtvoll und dominierend erlebt haben. Gemäß diesem Vorbild gehen Sie davon aus, dass es in der Welt Stärkere und Schwächere gibt und dass die Stärkeren Macht und Autorität ausüben und die Fäden in der Hand halten. Wenn Ihr Vater Ihnen ein gutes Vorbild war und seine Macht nicht missbrauchte, so dürften Sie sich selbst zu einer starken Persönlichkeit entwickelt haben. Doch es ist auch möglich, dass Sie die Ihnen zustehende Macht teilweise oder ganz an andere Personen abgeben und andere über sich bestimmen lassen. Sie hatten vielleicht negative Kindheitserlebnisse mit Ihrem Vater oder anderen Autoritätspersonen. Aus Angst, auch selbst Ihre Stärke zu missbrauchen, haben Sie Mühe, dazu zu stehen. Sie fühlen sich schnell schwach und ohnmächtig. Da Sie jedoch dieses Machtthema in sich tragen, suchen Sie sich unbewusst immer wieder starke Menschen, um sich an ihnen zu reiben. Das kann zu Abhängigkeit oder Autoritätskonflikten führen, die Sie letztlich nur lösen können, wenn Sie zu Ihrer eigenen Stärke finden und ihr Ausdruck verleihen. In dieser Konstellation liegt ein enormes Potential. Je mehr es Ihnen gelingt, voll und ganz zu Ihrer Macht zu stehen, desto mehr können Sie im Beruf oder auch in einem privaten Bereich eine Art von „graue Eminenz" werden, die im Hintergrund die Fäden in der Hand hält. Das Ausüben von Macht, beispielsweise in einer führenden beruflichen Stellung, könnte Ihnen viel Lebensfreude bereiten. Sie haben eine beachtliche „Power", sind leistungsfähig und belastbar und können viel erreichen. Allerdings besteht auch eine Neigung, die Energie für egoistische Zwecke zu missbrauchen. Werden Sie zum Opfer des eigenen

Machthungers, so fällt die Energie wie ein Bumerang auf Sie zurück und stürzt Sie früher oder später vom Sockel des Erfolgs. Als Frau neigen Sie dazu, starke und dominierende Partner anzuziehen. Vor allem wenn Sie als Kind erleben mussten, dass der Vater oder andere Autoritätspersonen ihre Macht missbrauchten, können Sie als erwachsene Frau immer wieder mit den negativen Seiten eines „starken Mannes“ konfrontiert werden. Dies soll eine Aufforderung sein, die eigene, latent vorhandene Stärke zu entwickel und sich aus der Rolle der Unterlegenen zu befreien.

V. **Gefühle und Temperament**

i. Überschaubarkeit als Voraussetzung für Wohlbefinden

Um sich wohl zu fühlen, brauchen Sie ein geordnetes, überblickbares Umfeld. Sie beobachten die Umwelt genau, analysieren diese und nehmen gefühlsmäßig das auf, was Sie brauchen können. Sie lassen sich nicht so leicht beeinflussen, und Sie reagieren zuerst einmal zurückhaltend und beobachtend. Von Emotionen werden Sie kaum überschwemmt. Wenn Sie Gefühle nicht zeigen wollen, weichen Sie aus ins Sachliche oder lenken durch eine Beschäftigung ab. Kleine alltägliche Dinge fallen Ihnen auf. Über die einen freuen Sie sich, andere ärgern Sie. In jedem Fall reagieren Sie gefühlsmäßig darauf. Freude zeigen Sie eher durch ein ruhiges Lächeln als durch lautes Lachen, Ärger eher durch Nörgeln als durch heftiges Schimpfen. Sie beobachten und analysieren auch sich selber. Ihre Stärken und Schwächen kennen Sie recht und haben sich „im Griff". Dass dies nur auf Kosten Ihrer Spontanität möglich ist, übersehen Sie leicht. Sie fühlen sich wohl und geborgen, wenn die Situation um Sie überschaubar ist. Reagiert die Umwelt unberechenbar und überraschend, so schätzen Sie dies gar nicht. Sie brauchen eine Aufgabe, die Sie mit Fleiß, Zuverlässigkeit und Realitätssinn angehen und die Sie gleichsam erdet. Sie können sich selbst eine gute Mutter sein und dafür sorgen, dass Sie bekommen, was Sie brauchen. Beispielsweise sorgen Sie für genügend Schlaf und Nahrung. Ihre emotionalen Bedürfnisse nehmen Sie ernst. Vielleicht fragen Sie manchmal zu sehr nach dem Nutzen, unterdrücken zum Beispiel die Tränen, weil „es ja doch nichts bringt".

ii. Das Bedürfnis nach Gruppenzugehörigkeit

Sie fühlen sich vermutlich wohl unter Freunden, im Team und in Gruppen von Gleichgesinnten. Sie übernehmen oft fürsorgliche Funktionen, sorgen für das Wohlbefinden von Freunden und Arbeitskollegen, indem Sie beispielsweise Getränke organisieren oder Ihre Wohnung für ein Treffen zur Verfügung stellen. So möchten Sie für eine Gruppe sorgen und eine Art „Mutterrolle“ übernehmen, die Ihnen ein Gefühl von Sicherheit und Zugehörigkeit vermittelt. Dass Sie dabei hin und wieder ausgenützt werden, lässt sich kaum ausschließen. Möglicherweise suchen Sie sich eine „Wahlfamilie“, das heißt eine Gruppe, in der Sie sich mehr zuhause fühlen und mehr Geborgenheit und emotionale Wärme spüren als in der angestammten Familie. In einem solchen Kreis von Gleichgesinnten finden Sie zu den eigenen Gefühlen und können sich eine innere Quelle von Wohlbefinden und Lebensfreude erschließen. Sie brauchen emotionalen Freiraum und Ungebundenheit. Eventuell fällt es Ihnen schwer, sich für etwas längerfristig zu engagieren. Sie halten lieber Distanz und lassen sich alle Möglichkeiten offen. Auf die Dauer müssen Sie einen Mittelweg finden zwischen dem Bedürfnis nach Unabhängigkeit und dem Bedürfnis nach Zugehörigkeit.

iii. Denken und Fühlen im Einklang

Sie haben eine natürliche Begabung, Ihre Gefühle und Bedürfnisse wahrzunehmen, zu verstehen und auszusprechen. Sie wirken lebendig, lebensnah und vielseitig, und Sie verfügen über einen gesunden Menschenverstand. Für leblose Materie haben Sie kein großes Interesse. Sie lernen lieber durch Erfahrung als durch das Studium vieler Bücher. Auch sind Sie eher ein lebhafter Erzähler als ein strenger Logiker. Unter Menschen fühlen Sie sich wohl, und Sie finden überall schnell Kontakt. Sie reagieren aus dem Moment und finden sich auch in einer unbekannten Situation leicht zurecht.

iv. Es soll etwas laufen

Eine Verbindung weist auf einen unkonventionellen und beweglichen Charakterzug hin. Persönliche Freiheit ist Ihnen wichtig. Sie sind tolerant und gestehen auch anderen einen großen Freiraum zu. Das Sprichwort „Jedem Tierchen sein Pläsierchen“ ist für Sie eine Selbstverständlichkeit. Sie fühlen sich ausgesprochen wohl, wenn Sie Ihren individualistischen Neigungen nachgehen und ganz Sie selbst sein können. In neuen und ungewohnten Situationen sind Sie gleich zuhause. Sie reagieren dann aus dem Gefühl heraus richtig und können viel Improvisationstalent an den Tag legen. Neue Erkenntnisse und Einsichten fallen Ihnen manchmal geradezu in den Schoß. Sie mögen es, wenn „etwas läuft“. Etwas in Ihrem Innern treibt Sie dauernd an, Neues auszuprobieren. So fällt es Ihnen schwer, die Hände in den Schoß zu legen und sich zu entspannen. Auch schlafen Sie möglicherweise nicht genug, weil dieselbe innere Nervosität Sie bis spät in die Nacht und schon frühmorgens wieder aktiv werden lässt. Sie scheuen die Routine und wenden sich vielleicht allzu schnell etwas Neuem zu. Verbindlichkeit und emotionale Verstrickungen mögen Sie nicht, und so bleiben Sie oft Zaungast. Unkonventionelle und interessante Menschen faszinieren Sie. Vermutlich erlebten Sie als Kind Ihre Mutter als jemanden, der keine intensive emotionale Nähe zu Ihnen suchte, sondern Sie eher zu Unabhängigkeit und Selbständigkeit erzog, sei es, dass sie selbst als eigenständige Frau Ihnen dieses Vorbild vermittelte oder dass Sie Ihnen zu verstehen gab, sich besser nicht so zu binden, wie sie es getan hatte. Als erwachsene Frau übernehmen Sie viel von diesem Vorbild. Auch wenn Sie Familie und Kinder haben, fühlen Sie sich zur Berufswelt hingezogen. Sie sind eine sogenannte „emanzipierte“ Frau.

v. Emotionale Bedürfnisse lenken vom Ziel ab

Vermutlich haben Sie nicht immer Lust, dem oben beschriebenen Weg zu folgen. Wie ein lauschiges Plätzchen am Wegrand lädt Sie diese oder jene „Kuscheleinheit“ zum Verweilen ein. Die augenblicklichen Bedürfnisse sind oft stärker als die Motivation, einem weit entfernten Ziel zuzustreben. Es mag Sie hin und wieder stören, dass Sie dem Lustprinzip mehr Raum geben als den Regungen tief in Ihrer Seele, und Sie werden dann vermutlich wieder eine Zeitlang der inneren Stimme und Ihrem Weg folgen. Ähnlich wie auf einer Wanderung ist ein zeitweiliges Rasten und Abschweifen durchaus möglich, und Sie tun, wozu Sie gerade die Lust ankommt. Doch gilt es, nicht zu lange zu verweilen und sich immer wieder auf den Weg zu machen.

VI. **Kommunikation und Denken**

i. Ein forschender und fragender Geist

Sie verfügen über einen durchdringenden Verstand und die Fähigkeit, verdeckte oder untergründige Motive leicht zu erkennen. Mit Ihrem scharfen und klaren Blick entgehen Ihnen die Schwachstellen anderer kaum. Es ist denkbar, dass dies bei Ihren Mitmenschen Zurückhaltung oder sogar Angst auslöst. Auch kann es durchwegs sein, dass Sie manchmal den Finger allzu offensichtlich auf den wunden Punkt des anderen legen und so Ihr Gegenüber verletzen können. Auch eine gewisse Ironie dürfte Ihnen nicht fremd sein. Im Gespräch können Sie recht hartnäckig sein. Vermutlich locken Sie die gewünschte Information mit Leichtigkeit aus Ihrem Gesprächspartner, während Sie von sich selbst eher wenig preisgeben. Im Beruf kann sich Ihr forschender und alles hinterfragender Verstand als nützlich erweisen, denn Sie bleiben nicht am Oberflächlichen kleben. Sie sind ein aufmerksamer und kritischer Beobachter und interessieren sich für die Hintergründe und Motivationen. Ihre Fragen nach dem Warum können sehr hartnäckig sein und eine grüblerische Seite Ihres Wesens aufzeigen. Mit Ihrem durchdringenden Geist wagen Sie sich immer wieder an herausfordernde und schwierige Aufgaben, in die Sie sich geradezu verbeißen können.

ii. Verstand, Wissen und Sprache

Die Kommunikation mit Ihren Mitmenschen ist ein wichtiger Bestandteil in Ihrem Leben. Sie brauchen das Gespräch und wollen Ihre Gedanken und Ideen austauschen. Die vielen Diskussionen, die Sie vermutlich führen, sind für Sie ein rhetorisches Übungsfeld, und Sie dürften sprachlich recht wendig und geschickt sein. Sie zeigen ein waches Interesse an allem, was um Sie vor sich geht. Ihr Verstand ist immer gleich zur Stelle; und Sie versuchen, jede Situation in Gedanken oder im Gespräch zu analysieren und zu verstehen. Dabei kann Ihren die Neigung, alles zu erklären und in gedankliche Schubladen zu ordnen, den Ruf eines kopflastigen Typs einbringen. Sie brauchen einen geeigneten Beruf oder ein Umfeld, in dem Sie dem Bedürfnis, in erster Linie mit Denken und Sprechen auf die Umwelt zu reagieren, nachkommen können.

iii. Zu Hause im Reich der Ideen und Vorstellungen

Sie sind ein kühler und sachlicher Denker. Auch komplizierte Gedankengänge erfassen Sie leicht und schnell. Sie verfügen über kreative und ausgefallene Ideen und können sehr geistreich sein. Durch Ihre Fähigkeit, Dinge und Situationen aus Distanz zu überblicken, sind Sie in der Lage, blitzartig Zusammenhänge zu erkennen. Dies alles kann für Sie so selbstverständlich sein, dass Sie gegenüber langsamer denkenden Menschen leicht ungeduldig reagieren. Auch Sie selber sind sich kaum schnell genug. So geraten Sie leicht in Stress und Nervosität. Alles, was Aufregung verspricht und neue Horizonte aufzeigt, zieht Sie an. Sie nehmen gerne extreme Standpunkte ein und geben sich originell und schlagfertig. Dies kann Ihnen helfen, Ihre Individualität zum Ausdruck zu bringen. Wie gut Ihnen dies gelingt, ist unter anderem davon abhängig, ob Sie bereit sind, gewisse gesellschaftliche Regeln zu beachten. Sie könnten dazu neigen, mit Ihrer Denkweise andere zu provozieren, indem Sie beispielsweise allzu großzügig über die Meinung der anderen hinweggehen oder andere um jeden Preis aus der Reserve zu locken versuchen. Ihre Interessen sind sehr vielseitig und eventuell auch kurzlebig. Sie möchten in einem Interessengebiet den Überblick haben. Geht es darum, Detailinformationen für die konkreten Schritte zu sammeln, würden Sie dies lieber den anderen überlassen. Wenn es Ihnen gelingt, Ihr Wissen auf einigen wenigen Gebieten zu vertiefen, werden Sie Ihre Fähigkeit, den Überblick zu behalten und schnell und flexibel zu denken, voll nutzen können. Sie können beispielsweise ein Talent für technische Berufe, Mathematik oder Computertechnologie entwickeln.

iv. Die Macht des Geistes

Den Dingen wollen Sie auf den Grund gehen. Ihre Interessen sind vermutlich auf das Nicht-Offensichtliche und Nicht-Rationale ausgerichtet. Sie interessiert, was unter der Oberfläche und hinter den Kulissen steckt, was Geheimnis oder Tabu ist. Gleichzeitig neigen Sie dazu, sich in ein Thema zu verbeißen, beispielsweise unbedingt etwas wissen zu wollen, ohne Rücksicht auf die Folgen. So mag Ihnen Goethes Faust aus der Seele reden, wenn er voll Leidenschaft ausruft: „Ob mir durch Geistes Kraft und Mund nicht manches Geheimnis würde kund, dass ich erkenne, was die Welt im Innersten zusammenhält!" Ihre Gedankenwelt ist beeinflusst von archetypischen Bildern aus dem Unbewussten. Es ist wichtig, dass Sie diese nicht rationalen und kontrollierbaren Einflüsse zulassen, jedoch so zu kanalisieren versuche, dass weder Sie noch Ihre Mitmenschen darunter zu leiden haben. Letztlich fragen Sie nach dem Warum. Diese suchende und bohrende Neigung lässt sich besonders gut in Berufen wie Psychiater, Anwalt, Politiker, Journalist oder Detektiv einbringen. Als kleines Kind bekamen Sie vielleicht oft zu hören: „Das verstehst du nicht!" und erkannten so früh, dass Wissen Macht bedeutet. Die Eltern wussten etwas und sagten es nicht – zumindest erlebten Sie es so – und somit wurde in Ihnen das Bedürfnis wach, allem nachzuforschen. Die Grundhaltung, wer die Information hat, ist der Überlegene, dürfte Sie auch ins Erwachsenenalter begleitet haben. Sowohl in der starken wie auch in der unterlegenen Position dürften Sie in Ihrem Leben immer wieder Situationen erfahren, in denen dieses Machtgefällen zum Ausdruck kommt. Vielleicht sind Sie in einem Land, in dem Sie die Sprache nicht verstehen, oder Sie sind auf irgendwelche Informationen angewiesen oder machen andere von Ihrem Wissen abhängig. Vor allem

Beziehungen am Arbeitsplatz zu Vorgesetzten, Kollegen oder Untergebenen eignen sich sehr gut, um einen Informationsvorsprung als Macht zu missbrauchen. Immer ist es ein Katz- und Mausspiel, aus dem der andere oder auch Sie selber zutiefst verletzt hervorgehen können. Das Leben stellt an Sie die Forderung, Ihre intellektuelle und sprachliche Stärke zu nutzen, ohne andere dabei zu verwunden. Sie haben ein feines Gespür für die Schwächen anderer und neigen dazu, genau auf den wunden Punkt zu drücken. So sind Sie vielleicht ziemlich indiskret oder ironisch und spielen auf eine überlegene Art mit der Hilflosigkeit anderer, wobei Sie sorgsam darauf achten, die eigenen Schwachstellen nicht zu zeigen. Auch wenn diese Beschreibung übertrieben ist, dürften Sie doch bei genauem Nachdenken die eine oder andere Situation in Ihrem Leben finden, in der Sie Ihre Überlegenheit in Wissen, Denken oder Sprechen auf eine nicht unbedingt faire Art ausspielten. Dass Wissen Macht ist, haben Sie schon als kleines Kind mitbekommen. Es geht nun darum, diese Macht auf eine positive Art zum Wohle aller zu nutzen.

VII. **Beziehung und Ästhetik**

i. Gemeinsamkeit in Liebe und Harmonie

Mit Ihrer kontaktfreudigen, höflichen und ausgeglichenen Art sind Sie sehr beliebt. Im Austausch mit Ihren Mitmenschen heben Sie das Gemeinsame und Verbindende hervor und schaffen sich so viele Freunde. Sie sind bestrebt, das Leben harmonisch zu gestalten. Auch in der Partnerschaft ist Ihnen Harmonie sehr wichtig. Eine Seite in Ihnen möchte geschätzt und geliebt werden und versucht deshalb, es dem Du immer und unter allen Umständen recht zu machen. Dabei geraten Sie leicht in Versuchung, sich zu sehr anzupassen. Vielleicht gehen Sie so weit, dem Frieden zuliebe Beziehungen aufrecht zu erhalten, die eigentlich längst einer Änderung bedürften. Um sich glücklich zu fühlen, muss es auch Ihr Partner sein. Geteilte Freude ist doppelte Freude, geteiltes Leid halbes Leid. Sie schätzen das Gemeinsame und erleben sich selber stark durch den Partner. Dies schafft ein Gefühl der Verbundenheit, das einerseits sehr schön sein kann, es Ihnen andererseits oft auch erschwert, sich selber als eigenständiges Individuum zu erfahren. Nehmen Sie beispielsweise Ihre eigenen Wünsche und Bedürfnisse genauso ernst wie diejenigen Ihres Gegenübers? Sie verkörpern Stil und Kultur, schätzen harmonische Formen und Farbkombinationen und verfügen über guten Geschmack. Und Sie haben die Fähigkeit, das Schöne in Kunst und Natur zu sehen. Schönheit ist für Sie verknüpft mit Harmonie und Frieden. Ausgewogene Proportionen fallen Ihnen geradezu ins Auge und werden zum sinnlichen Genuss.

ii. Der Wunsch nach einer romantischen Liebe

Sie suchen in einer Partnerschaft etwas Unfassbares und Überpersönliches, träumen vielleicht von einem Märchenprinzen. Ihnen ist die Romantik einer Beziehung viel wichtiger als der Alltag. Fast könnte man sagen, Sie sind verliebt in die Liebe und nicht so sehr in den Partner. Hier liegen auch die Schwierigkeiten dieses Charakterzuges. Sie suchen nach einer Vision, die Sie nie bekommen können. Vielleicht sind Sie häufig vom Partner enttäuscht, weil Sie dazu neigen, ihn oder sie zu sehr zu idealisieren. Kein Partner entpuppt sich im Alltag als fehlerfrei. Dies zu akzeptieren, dürfte Ihnen sehr schwer fallen. Ihr Gemüt sehnt sich nach Harmonie, Romantik und mystischer All-Liebe. Musik, Schönheit, Kunst und Natur sind Möglichkeiten, dieses Gefühl der totalen Hingabe zu erleben. Wenn Sie in diesen Bereichen einen Kanal für Ihre Sehnsucht finden, sind Sie auch eher bereit, dem nüchternen Alltag einer Partnerschaft ins Auge zu sehen. Gelingt es Ihnen, eine Beziehung auf einem soliden Fundament aufzubauen, so kann Ihr Traum von totaler Verbundenheit Erfüllung finden, ohne dass Sie eine ernüchternde Enttäuschung befürchten müssen.

iii. Im Spannungsfeld von Nähe und Durchsetzung

Der Wunsch nach Harmonie steht im Gegensatz zu Ihrem Durchsetzungswillen. Wenn Sie dem Frieden zuliebe nachgeben, geht dies oft auf Kosten Ihres Bedürfnisses nach Durchsetzung. Sie wollen das Verbindende zu anderen Menschen hervorheben und befürchten gleichzeitig, sich selbst dabei zu verlieren. Grundsätzlich erleben Sie Nähe und Durchsetzung als zwei gegensätzliche Pole, die nur schwer vereinbar sind. Wenn Sie viel Nähe erfahren, wird es Ihnen zu eng, und Sie fühlen sich Ihrer Freiheit beraubt. Setzen Sie sich durch und gehen Ihren eigenen Weg, vermissen Sie schmerzlich eine harmonische Zweierbeziehung. Vielleicht pendeln Sie zwischen den beiden Extremen hin und her; ein paar Tage, Wochen oder Jahre mit viel Nähe wechseln mit einer Periode der Konfrontation, der Durchsetzung und des Sich-selber-Seins. Als Frau liegt Ihnen naturgemäß der Harmoniepol mehr. Es ist deshalb leicht möglich, dass Sie sich ganz mit dieser Seite identifizieren und sich einen selbstsicheren und tatkräftigen Partner suchen, der den Durchsetzungspol für Sie lebt. Das Bedürfnis, geliebt zu werden, lässt sich nicht ohne weiteres mit Ihren sexuellen Wünschen vereinen. Eine mögliche Lösung wäre, dass Sie neben einer Liebesbeziehung sexuelle Beziehungen zu anderen Partnern pflegen. Es wird nicht ganz einfach sein, die beiden Gegensätze von Nähe und Sich-selber-Sein zu vereinen. Sie benötigen in einer Beziehung viel Freiraum, damit Sie zwischen den beiden Polen pendeln können. Vielleicht brauchen Sie eine eigene Wohnung oder zumindest ein eigenes Zimmer. Auch sollten Sie nicht alles zusammen mit dem Partner machen wollen, sondern einen privaten Bereich für sich behalten, indem Sie beispielsweise allein oder mit Freunden etwas unternehmen oder im Arbeitsbereich völlig unabhängig von Ihrer Partnerschaft sind. Je besser es Ihnen gelingt, anstelle des Entweder-oder ein Sowohl-als-auch zu leben, desto mehr wird Ihnen dieser gegensätzliche Charakterzug Lebensfreude und natürliche Lebendigkeit vermitteln.

iv. Wie viel Optimismus ist gesund?

Sie sind großzügig und tolerant und haben viel Charme. Unter Menschen bewegen Sie sich mit einer selbstverständlichen Sicherheit. Sie sehen in Ihren Mitmenschen vorwiegend die positiven Seiten und schenken ihnen leicht Vertrauen. Sie brauchen Anerkennung und tun vieles dafür. Wenn es nicht anders geht, muss auch einmal eine Notlüge herhalten. In Ihren Äußerungen sind Sie recht großzügig und übertreiben auch gerne ein bisschen. Umgekehrt fallen Sie auch hin und wieder auf die Schmeicheleien anderer herein, weil Sie allzu sehr nur das Gute vom anderen erwarten. Sie brauchen den Umgang mit Menschen und lieben anregende Gesellschaft und Vergnügungen. Ein Beruf oder eine Tätigkeit, die Ihnen viele zwischenmenschliche Kontakte ermöglicht, lehrt Sie im Laufe des Lebens, Anerkennung nicht so sehr bei anderen zu suchen, sondern sie in sich selber zu finden. Dadurch werden Sie freier und offener. In Beziehungen sind Sie ein fast grenzenloser Optimist und stellen oft zu hohe Erwartungen an die Partnerschaft. So scheint es Ihnen selbstverständlich, dass ein Leben zu zweit ohne großes Dazutun problemlos über die Bühne läuft. Mit dieser Haltung sind Enttäuschungen fast unumgänglich. Entspricht die Wirklichkeit nicht Ihren Vorstellungen, so sind Sie leicht versucht, den Kummer durch Konsum abzubauen. Sie essen oder trinken dann maßlos, kaufen sich Kleider oder sprengen auf andere Art Ihren alltäglichen Rahmen. Wenn es Ihnen gelingt, im Umgang mit anderen weniger Wert auf den äußeren Schein zu legen und Schwärmerei und Zweckoptimismus in Grenzen zu halten, kommt Ihre echte, offene und großzügige Fähigkeit zum Zug, Beziehungen einzugehen und durch andere Menschen Sinn und neue Aspekte des Lebens zu erfahren.

VIII. **Handlung und Durchsetzung**

i. Zielgerichtetes Handeln

Sie handeln sachlich und zielstrebig. Ihre Aktivitäten erinnern an die umsichtige und führende Autorität eines Vaters. Sie sind sich der Verantwortung für Ihr Tun bewusst, und Sie ziehen bewährte und konventionelle Methoden vor. Auch tun Sie nur ungern etwas, das den gesellschaftlichen Regeln widerspricht. Wenn immer möglich, setzen Sie sich ein klares Ziel, das Sie mit Ausdauer und Hartnäckigkeit Schritt für Schritt verwirklichen. Dabei können Sie Ehrgeiz und Tatkraft mobilisieren, um zu erreichen, was Sie sich vorgenommen haben. Auch wenn sich die äußeren Umstände verändern, weichen Sie nur ungern von Ihrer Linie ab. Im Extremfall verfolgen Sie unbeirrbar Ihren Weg, gemäß dem Motto: Der Zweck heiligt die Mittel. Auch zu sich selbst sind Sie eher ernst und streng und haben wenig Zeit für Spiel und Spaß. Hierarchien und Strukturen sehen Sie als notwendige Voraussetzungen für das Funktionieren einer Gesellschaft. Sie erkennen Autoritätspersonen an und streben selbst nach einer solchen Position. So sind Sie an Arbeitsplätzen gefragt, an denen Zuverlässigkeit, Sachlichkeit und Ausdauer erforderlich sind.

ii. Geistige und körperliche Beweglichkeit ist gefragt

Sie verfügen über viel Energie, die Sie verbal zum Ausdruck bringen möchten. Lieben Sie Streitgespräche? Ihnen macht es Spaß, sich in Diskussionen mit anderen auseinanderzusetzen, zu argumentieren und die Worte im Zweikampf wie Schwerter geschickt einzusetzen. Wollen sie Ihre eigene Meinung durchsetzen? Dann tun Sie es, Sie verfügen über die nötige Energie dazu. Sie suchen in einer Diskussion nicht das Gemeinsame und Verbindende, sondern arbeiten die Unterschiede heraus. Im Bereich der Kommunikation und des Austausches – sei es verbal oder mit Waren in Handel und Gewerbe – haben Sie viel Mut zum Risiko oder wünschen es zumindest. Wenn andere die Hände brauchen, um etwas zu tun, dann benutzen Sie Worte, um sich durchzusetzen. Sie wollen etwas umsetzen, seien es Informationen oder Waren. Sie sind stets von einer aktiven Neugierde ergriffen, packen neue Interessensgebiete, zum Beispiel berufliche Weiterbildung, mit viel Initiative an. Sie sind nicht nur geistig beweglich, sondern bleiben auch körperlich kaum sehr lange am selben Ort. Das Bild eines Journalisten würde recht gut zu diesem Persönlichkeitsteil passen. Mit großer Wahrscheinlichkeit verkörpert der Typ Mann, der Sie fasziniert, viel von diesen Eigenschaften. So gefallen Ihnen vermutlich intellektuelle, kultivierte und sprachlich gewandte Männer, die in die Beziehung einen regen Gedankenaustausch und Kameradschaft einbringen.

iii. Eine optimistische Einstellung gewährleistet gutes Gelingen

Ihre Handlungen sind gekoppelt mit Ihrem inneren Optimisten. Sie sind überzeugt, dass das, was Sie tun, auch zum Erfolg führt. Dieses gesunde Selbstvertrauen ist die beste Voraussetzung für gutes Gelingen. Andererseits kann es Sie auch dazu verleiten, Ihre Grenzen nicht mehr zu sehen. Sie können in Ihren Aktivitäten dann ziemlich maßlos werden. Ihre Art zu handeln hat etwas Begeisterndes. Es ist Ihnen wichtig, dass Ihre Aktivitäten Sinn haben und in einem größeren Zusammenhang stehen. Sie können voll Enthusiasmus etwas tun, und Sie können und wollen auch andere damit anstecken. Wenn Sie „in Fahrt" kommen, sind Sie kaum mehr zu bremsen. Wer sich Ihnen in den Weg stellt, wird entweder mit großzügiger Geste zur Seite geschoben oder riskiert einen heftigen Zusammenprall. Ohne zwingenden Grund weichen Sie kaum aus. Hat Sie das Leben gelehrt, Ihren Enthusiasmus in fruchtbare Bahnen zu lenken, so können Sie eine Fähigkeit in sich entdecken, im richtigen Moment stets das Richtige zu tun. Überzeugungskraft ist der beste Treibstoff, um ein Ziel zu erreichen oder auch um daran vorbeizuschießen. Sie haben die besten Voraussetzungen für beides. In Ihrer Partnerwahl widerspiegeln sich diese Eigenschaften, und Sie wählen bevorzugt einen großzügigen und weitherzigen Charakter. Ihnen gefällt ein Mann, der weiß, was er will, sich zeigt, das Leben als Herausforderung anpackt und sich lieber zu viel als zu wenig zutraut.

iv. Ein Ansporn zum individuellen Handeln

Sie wollen in Ihren Aktivitäten unabhängig sein. Abwechslung, Aufregung und unvorhergesehene Ereignisse lassen Sie erst so richtig lebendig werden. In solchen Situationen können Sie viel Improvisationstalent entwickeln. Sie sind erfinderisch und suchen nach neuen Wegen. In Gefahr zeigen Sie große Geistesgegenwart. Sie sind zwar recht eigenwillig, aber Sie haben auch das Geschick, Ihr Anders-Sein so zum Ausdruck zu bringen, dass Sie kaum Anstoß erregen. Alltagsroutine ertragen Sie schlecht. Genau absehbare tägliche Pflichten langweilen und lähmen Sie. Sie wollen Freiraum und bringen nur ungern Selbstdisziplin auf. Sie arbeiten bevorzugt unter Zeitdruck; dann sind Sie flink und kreativ. So lange Sie die Sache im Griff haben, mögen Sie Stresssituationen. Möglicherweise reagieren Sie auf langsamere Menschen ungeduldig und gereizt. Ein Teil von Ihnen will im Schnellzugstempo durchs Leben rasen und kann sich nur mit Mühe damit abfinden, dass es Zeit braucht, um Ideen in die Realität umzusetzen. Auch beim anderen Geschlecht schätzen Sie eine kurz entschlossene, draufgängerische Ader. Sie lieben Schnelligkeit. Vielleicht sind Sie begeistert von schnellen Sportarten oder Sie drücken beim Autofahren gern aufs Gas. Auch in der Sexualität haben Sie eine Vorliebe für spontane Eroberungen und Abwechslung. Möglicherweise scheuen Sie vor Ihrem eigenen impulsiven Verlangen zurück, geben sich zurückhaltend und suchen unbewusst Partner, die für Aufregung sorgen und ausgesprochen exzentrisch und draufgängerisch sind.

v. Durchsetzung mit Einfühlungsvermögen

Wenn Sie etwas tun, identifizieren Sie sich gleichzeitig mit der Umwelt. Sie versetzen sich unwillkürlich in die Menschen ringsum und spüren sozusagen die Reaktionen der anderen auf Ihre Aktivitäten. Es fällt Ihnen schwer, den eigenen Willen durchzusetzen, denn Sie spüren es gleich, wie Sie den anderen dabei „auf die Füße trampeln". Sie können sich vermutlich besser für andere durchsetzen als für sich selber. Sie tun dies vielleicht, indem Sie für Schwächere einstehen und tatkräftig Hilfe leisten. Ihre Sensibilität macht Sie beeinflussbar. Sie agieren aus, was in anderen latent vorhanden ist. Wenn Sie sich beispielsweise unter Leuten befinden, die ärgerlich sind, es aber nicht zeigen, spüren Sie dies, werden selbst ohne äußeren Grund gereizt und drücken den Ärger eventuell lautstark aus, obwohl es nicht „Ihr" Ärger ist. Sie werden ganz einfach davon angesteckt. Je mehr Halt und Sicherheit Sie in sich gefunden haben, desto mehr gibt Ihnen dieses Einfühlungsvermögen die Fähigkeit, auf die inneren Regungen anderer zu reagieren und sie handelnd auszudrücken. Sie können dabei eine Begabung als gute Beraterin entwickeln. Sie neigen dazu, Männer zu idealisieren. Vielleicht warten Sie jahrelang auf einen „Märchenprinzen". Sie geben sich gerne Ihren Wunschvorstellungen hin, sehen Ihren Partner durch eine allzu rosarote Brille und sich leicht enttäuscht über seine realen und nicht so glänzenden Seiten.

IX. **Die Suche nach Sinn und Wachstum**

i. Der Glaube an Strukturen und Ziele

Sie setzen großes Vertrauen in Gesetz und Ordnung. Den Sinn des Lebens sehen Sie unter anderem in einem Beitrag an die Gesellschaft. Fast könnte man sagen, Sie betrachten die Hierarchien sowohl im Beruf wie auch in öffentlichen und staatlichen Bereichen als gottgewollt. Zumindest dürften diese Ihnen als sinnvoll erscheinen. Sich in diesem vorgegebenen Rahmen für ein klar definiertes Ziel einzusetzen, vermittelt Ihnen ein erhabenes Gefühl und lässt Sie innerlich wachsen. Sie suchen auf eine rationale, strukturierte und verantwortungsbewusste Art nach dem Sinn des Lebens. Neue Weltanschauungen und Konzepte prüfen Sie vor allem auf Stabilität und Bodenständigkeit. Nur was Ihnen sicher, zweckdienlich und vernünftig erscheint, findet Einlass in Ihr Weltbild.

ii. Wachstum durch Sich-Mitteilen

Seit Sie als kleines Kind sprechen lernten, dürften Sie immer wieder erleben, dass man das Gespräch mit Ihnen sucht, Sie zum Erzählen ermuntert und Ihnen dafür Anerkennung zollt. Im Laufe der Jahre wurden Sie zu einem Optimisten im Bereich Wissen, Information und Kommunikation. Sie haben gute rhetorische Fähigkeiten ausgebildet. Wenn Sie sprechen, hört man Ihnen zu. Vielleicht lassen Sie sich hin und wieder dazu verleiten, besser informiert zu erscheinen, als Sie wirklich sind. Über ein Wissensgebiet verschaffen Sie sich rasch einen Überblick und bleiben nicht am Detail kleben. Wenn Sie zum Beispiel eine Fremdsprache lernen, beginnen Sie bald einmal zu sprechen, ohne sich allzu lange mit grammatikalischen Formeln herumzuschlagen. Sie sind sehr offen für die unterschiedlichsten Interessengebiete und neigen dazu, allzu viele Informationen zu sammeln, im Extremfall zu einem „ewigen Studenten" zu werden. Sie haben ein gutes Gespür, wo Wissen und Auskünfte zu holen sind. Ihre offene und großzügige Art, mit Menschen zu sprechen, weckt im Gegenüber die Freude am Sich-Mitteilen und erleichtert Ihnen so vieles. Auch vermögen Sie andere gut von Ihrer Meinung zu überzeugen und haben die Gabe, eine Botschaft oder Weltanschauung vermitteln zu können. Bildhaft gesprochen säen Sie etwas aus – zum Beispiel Wissen, Information, eine Meinung – ohne zu fragen, was daraus wächst. Sie säen einfach und gehen Ihren Weg weiter. Diese Unbekümmertheit und Großzügigkeit im Äußern Ihrer Gedanken macht Sie geeignet für eine Lehrtätigkeit oder eine Tätigkeit im Bereich der Medien.

iii. Der Wunsch, alles Schwere abzustreifen

Manchmal mag eine Stimme Ihnen zuflüstern, warum Sie nicht einfach die Fesseln des gewohnten Alltagslebens abstreifen, davonfliegen und alle Grenzen sprengen. Etwas in Ihrer Persönlichkeit wehrt sich gegen ein gesetztes Leben und gegen jede Art von Einschränkung. Es verleiht Ihnen einen Schuss Abenteuerlust, Originalität, unkonventionelle Ideen und eine gewisse Überheblichkeit, denn es kennt keine Rücksicht auf persönliche Motive und Gefühle. Wenn dieser Teil in Ihnen zum Zuge kommt, dann wagen Sie im übertragenen Sinn – oder vielleicht auch im ganz konkreten – einen Fallschirmsprung. Zumindest für kurze Zeit heben Sie die üblichen Beschränkungen auf und genießen einen Blick aus höherer Warte. Sie können voller Begeisterung eine Idee anpacken, neigen jedoch dazu, Vernunft und Sachlichkeit in gewissen Momenten leichtfertig über Bord zu werfen. Vor allem wenn Sie dem nach Freiheit hungernden Individualisten in sich zu wenig Raum geben, können schon einmal die Sicherungen durchbrennen. Verfügen Sie über positive Ausdruckskanäle, so gewinnen Sie viel Lebensfreude aus solchen Höhenflügen. Der Überblick aus höherer Warte lässt Sie den Lebenssinn hinterfragen und die Relativität einer Ansicht erkennen. Für zukünftige Möglichkeiten haben Sie eine gute Nase. Auch neigen Sie zu ungewöhnlichen Interessen. Ihr starkes Bedürfnis nach Expansion und Weite zeigt sich in allen Lebenslagen.

iv. Der Ruf nach Eins-Sein

In einem Winkel Ihres Herzens steckt der Wunsch, alle Grenzen aufzulösen und sich in etwas Größerem zu verlieren. Er verleiht Ihnen viel Idealismus und lässt Sie hohe Erwartungen an die Umwelt stellen. Man könnte diese Seite in Ihnen auch als verträumten Optimisten bezeichnen. Kommt die Realität zum Vorschein, sind Sie vielleicht enttäuscht über Ihre Mitmenschen. Sie müssen Illusion und Wirklichkeit unterscheiden, dann öffnet Ihnen Ihr optimistischer Glaube an das Gute in Mensch und Natur viele Türen. Diese führen letztlich in eine mystische und irrationale Welt, die Ihnen das Gefühl vermitteln kann, in einem größeren Ganzen aufgehoben zu sein. Dies kann beispielsweise bedeuten, dass Sie eine Art Sehnsucht nach Religion und Mystik verspüren und den Sinn des Lebens im Nicht-Rationalen und Jenseitigen suchen.

v. Das Leben ausschöpfen

In Ihnen schlummert – mehr oder weniger verborgen – eine geballte Kraft. Sie strebt nach dem Größten und kann ziemlich maßlos sein. Sie will das Leben voll ausschöpfen und sucht leidenschaftlich nach einem Sinn. Sie hinterfragt jede Weltanschauung und lässt Sie nie ganz zur Ruhe kommen. Religion und kirchliche Institutionen könnten immer wieder Ihre Aufmerksamkeit fordern, beispielsweise indem Sie sich an den Dogmen und der Macht der Kirche stoßen. Auch Loyalität ist ein zentrales Thema für Sie. Sie setzen sich gegen Ungerechtigkeiten zur Wehr und sind dabei manchmal nicht weit von Fanatismus entfernt. Es ist wichtig, dass Sie diesen inneren Dämon akzeptieren. Er kann zu einer enormen Motivation werden, wenn Sie ein Ziel gefunden haben, das Ihrem Leben einen tieferen Sinn gibt.

X. **Die Suche nach Struktur und Ordnung**

i. Die Pflicht, Hingabe mit Maß zu üben

Die Zeichenstellung symbolisiert eine Herausforderung, sich weder von Stimmungen und Sehnsüchten treiben zu lassen noch diese konsequent aus dem eigenen Leben zu verbannen. Vielleicht bedeutet alles Irrationale und Traumhafte für Sie Unsicherheit oder sogar Gefahr, von einem soliden Leben abzukommen. Ihre Reaktion darauf kann eine außergewöhnliche Hilfsbereitschaft sein, gerade solchen Menschen Unterstützung zukommen zu lassen. Es kann auch ein Bestreben sein, die eigene innere Welt kennenzulernen, beispielsweise durch Beschäftigung mit Träumen oder durch Meditation. So bauen Sie allfällige Ängste vor dem Unfassbaren ab.

ii. Die Forderung nach einem perfekten Alltag

Haben Sie oft Bedenken, im alltäglichen Leben und im Arbeitsbereich nicht zu genügen? Sie tun viel für einen reibungslosen Alltag. Vor lauter Arbeit gönnen Sie sich vielleicht zu wenig Ruhe. Sie haben die Tendenz, jedes Detail perfekt zu erledigen. Meist suchen Sie sich Tätigkeiten aus, die nicht leicht und schnell auszuführen sind. Sie neigen dazu, sich viel vorzunehmen und sich zu überfordern. Beispielsweise arbeiten Sie einen Tag lang, ohne genügend zu trinken oder ohne sich eine Pause zu gönnen. Erst am Abend bemerken Sie vielleicht, dass Ihr Körper diesen Anstrengungen nicht gewachsen ist. Im Extremfall geben Sie sich die Ruhe, die Sie dringend benötigen erst, wenn Sie krank werden. Grundsätzlich besteht Ihre Aufgabe darin, Verantwortung für Ihre Existenz, das heißt für Ihren Alltag, Ihren Körper und Ihre Gesundheit zu übernehmen. Wenn Sie mit der Zeit lernen, dass nicht alles perfekt sein muss, werden Sie sich weniger unter Druck setzen. Es ist wichtig, dass Sie auch Ihre Unzulänglichkeiten zeigen. Der Alltag funktioniert auch, wenn Sie nicht ganz perfekt sind. Vielleicht können Sie sich dazu überwinden, gewisse Aufgaben zu delegieren und so Zeitdruck und Anforderungen an die eigene Leistung abzubauen. Je lockerer Sie an Ihr Tagewerk herangehen, desto mehr zeigen sich Ihre fachlichen Fähigkeiten und Ihr Talent, Arbeit einzuteilen und zuverlässig auszuführen. Einmal aus dem starren Korsett des Perfektionsanspruches befreit, vermittelt Ihnen diese Gabe Stabilität und Sicherheit in Beruf und Privatleben.

iii. Zwischen Traum und Wirklichkeit

Möglicherweise erleben Sie sich als Gast auf dieser Welt. Die Aufgabe, mit dem Alltag zu recht zu kommen, mutet Ihnen vielleicht manchmal seltsam an. Sie stehen mit einem Fuß in der Realität und mit dem anderen in einer irrealen Welt, und Sie sind nie ganz sicher, ob Ihnen nicht gleich der Boden unter den Füßen weggezogen wird. Der grenzauflösende Zug in Ihrer Persönlichkeit verlangt eine Auseinandersetzung mit dem, was jenseits der Realität liegt. Das Irreale, Unfassbare und nicht Bodenständige kann zum Beispiel durch Religion, Meditation, Musik, Helfen, Sucht, einem Wassersport oder anderweitigem Umgang mit Wasser erlebt werden. Vielleicht fühlen Sie sich verpflichtet, anderen zu helfen. Es ist sogar möglich, dass Hilfsbedürftige beträchtlich über Ihre Zeit verfügen, und Sie sich fast schuldig fühlen, wenn Sie jemandem etwas abschlagen und dafür etwas für sich selber tun. Helfen in einem ausgeglichenen Maß festigt Ihre innere Sicherheit und Stabilität. Im Übermaß können Sie sehr darunter leiden. Wenn Sie grundsätzlich sehr realitätsbezogen sind, ist es denkbar, dass Sie mit großer Anstrengung versuchen, das Irrationale und Unfassbare aus Ihrem Leben auszuschließen. Sie erleben es dann vermutlich durch einen entsprechenden Partner oder selber in Form einer Sucht. Auch ein Pendeln zwischen strukturierter Arbeit und Alkohol am Feierabend ist denkbar. Letztlich geht es immer um ein Zusammentreffen zweier Welten. Sie werden aufgefordert, den Umgang sowohl mit der Realität wie mit der inneren Traum- und Bilderwelt zu üben und mit der Zeit eine Verbindung zu schaffen.

iv. Sicherheit aus dem Dunklen schöpfen

Sie lehnen patriarchalische und autoritäre Formen ab, gehen instinktivem Triebverhalten aus dem Weg und sind doch auf eine eigenartige Weise fasziniert davon. Sie wollen nicht von autoritären Personen angetrieben oder kontrolliert werden. Sorgfältig beachten Sie Ihr Verhalten, um keine Schwachstelle zu zeigen. Fast könnte man sagen, Sie hätten Angst vor der destruktiven Macht der Außenwelt. Sich nicht in eine Gruppe integrieren wollen, Außenseiterpositionen, Platzangst oder ein mulmiges Gefühl in großen Menschenmengen sind ein paar konkrete Beispiele dafür. Dieses Dunkle, das Sie in der Außenwelt ahnen, spiegelt Ihre eigene emotionale Tiefe wider. Es ist schwierig, diese dunkle und auch wilde und instinkthafte Seite zu akzeptieren. Wenn Sie sie nicht ablehnen, erschließt sie Ihnen jedoch Lebenskraft und Einsicht bis in die tiefsten Tiefen der menschlichen Seele. Daraus können Sie eine große Sicherheit entwickeln, nämlich Sicherheit in sich selber, die Ihnen keine äußeren Geschehnisse je wieder nehmen können.

XI. **Das Bedürfnis nach Veränderung**

i. In einem wuchtig-trägen Zeitgeist geboren

Der Zeitgeist zeigt sich auf eine eher bedächtige Weise. Neuerungen werden Schritt um Schritt ins Bestehende integriert. Veränderungen gegenüber sind Sie und Ihre Zeitgenossen eher zurückhaltend. Erst wenn Sie vom Wert der Neuerung überzeugt sind, lassen Sie sich darauf ein. Dann jedoch gibt es kein Zurück mehr.

ii. Lebendige Partnerschaft

Sie benötigen viel Freiraum und geistige Anregung in der Partnerschaft. Zu viel Nähe ertragen Sie schlecht. Sie fühlen sich in einer Beziehung relativ schnell wie ein Vogel, dem man die Flügel gestutzt und die Freiheit durch einen goldenen Käfig ersetzt hat. Vielleicht reagieren Sie mit Stimmungsschwankungen und Unbeständigkeit und versuchen, sich so Ihren Freiraum zu bewahren. Es ist deshalb wichtig, dass Sie in einer Partnerschaft genügend persönliche Freiheit haben und dies natürlich auch dem Partner zugestehen. Möglicherweise suchen Sie sich Partner, die viel unterwegs, bereits verheiratet oder auf eine andere Weise nicht voll verfügbar sind, um sich unbewusst vor zu viel Nähe zu schützen. Langeweile und stabile, sichere Verhältnisse ertragen Sie schlecht. Wenn Sie eine dauerhafte Beziehung wollen, kommen Sie nicht um die Aufgabe herum, immer wieder für Abwechslung zu sorgen, denn Sie suchen in Beziehungen nicht so sehr Sicherheit und Geborgenheit, sondern vielmehr Anregung. Ihre Beziehungen werden Ihnen kaum ein sanftes Ruhekissen bescheren, dafür aber viel Spaß, Lebendigkeit und Selbsterkenntnis.

iii. Der Traum von der idealen Welt

Ein Teil Ihrer Persönlichkeit möchte nicht ganz ins Leben hineingehen, sondern lieber einer Art „höheren Vorstellung“ davon nachträumen. Tief in Ihrem Inneren sehnen Sie sich nach einem Zustand des Aufgehoben-Seins in einem größeren Ganzen und sind deshalb nicht ohne weiteres gewillt, ganz in dieses irdische Dasein hineinzugehen. Wenn Sie akzeptieren, dass Sie Ihre hohen Ideale und Ahnungen von einer besseren Welt nie ganz verwirklichen können, wird es möglich, etwas davon ins Alltagsleben einzubeziehen.

XII. **Die Sehnsucht nach Auflösung und Hingabe**

i. Kollektive Idealisierung von Sachlichkeit und Vernunft

Sie Stellung deutet auf eine kollektive Tendenz, die eingefahrenen Strukturen des materiellen Lebens aufzulösen. Ihre Generation stellt viele logische und alltägliche Strukturen in Frage und lockert die starre Ordnung, indem Sie weniger festhalten und organisieren, sondern sich vermehrt einfach dem Dienst an der Sache hingibt. Im Übermaß wird der dienende Aspekt idealisiert und zum Ritual erhoben, so dass der Alltag die Färbung eines Opferganges annehmen kann.

ii. Ein hohes Gruppen- und Freundschaftsideal

In Ihrem Geburtsbild liegt dieser grenzauflösende Teil im Bereich der Gruppen, das heißt Sie neigen dazu, Ihr „Ich“ zugunsten einer Gruppe aufzugeben, sei dies nun eine politische Gruppierung, ein Freundeskreis oder ein Arbeitsteam. Ihre Vorliebe für idealistische Ziele kann Sie zu vielerlei Interessengemeinschaften führen. Immer wünschen Sie sich eine „heile“ Welt und wissen doch nicht so genau, wie diese aussehen soll. So erleben Sie immer wieder Enttäuschungen mit Gruppen, wenn Sie nicht lernen, sich Ihre Ideale und Ziele so klar wie möglich vorzustellen. Auch Freundschaften sind für Sie mehr als nur oberflächliche Interessengemeinschaften. In der Hoffnung auf zutiefst verbindende Seelenverwandtschaft stellen Sie oft zu hohe Ansprüche an Ihre Freunde und müssen schmerzlich enttäuscht feststellen, dass die Wirklichkeit stark von Ihren Wünschen abweicht. Ihre außergewöhnliche Hingabefähigkeit kann dann Basis für Erlebnisse tiefer Verbundenheit werden, wenn Sie Ihre Freunde weniger idealisieren und damit auch weniger Forderungen an sie stellen. Sie sehen sich selber als Teil der Menschheit und haben viel Mitgefühl für sozial schlechter Gestellte. Sie fühlen sich zu humanitären und sozialen Gruppierungen hingezogen und sind bereit, Ihren Teil für das Wohl der Menschheit beizutragen.

XIII. **Die dunkle Seite**

i. Die Macht des Selbstvertrauens

Sie gehören einer Generation schöpferischer Menschen an, die ihre individuellen Wünsche anmeldet und die eigenen Fähigkeiten und Anlagen zum Ausdruck bringen will. Doch mit dem Selbstbestimmungsrecht wächst auch der Egoismus. Die Herausforderung besteht darin, das eigene Potential zu entfalten, die neu gewonnene Stärke jedoch nicht zum Nachteil der Schwächeren einzusetzen.

ii. Eine einflussreiche Stellung

Macht und Autorität spielen in Ihrem Leben eine bedeutende Rolle. Möglicherweise haben Sie im Beruf häufig Konflikte mit Ihrem Vorgesetzten, oder Staat und Gesellschaft sind für Sie eine Art „graue Eminenz“, gegen die Sie immer wieder einmal anprallen. Eine andere Möglichkeit besteht darin, dass Sie selbst die Macht übernehmen, im Beruf eine Autorität sind und viele Fäden in Händen halten. Sie sind enorm leistungsfähig und haben überdurchschnittlich viel Kraft und Energie zur Verfügung. Das Ausüben von Macht – sofern Sie diese nicht für egoistische Zwecke missbrauchen und andere von sich abhängig machen – kann Ihnen einen tiefen Einblick in die Zusammenhänge der menschlichen Gesellschaft geben. Sie sind bereit, sich auch mit den dunklen Seiten der Gesellschaft auseinanderzusetzen. Wenn Sie nicht Ihrem persönlichen Ehrgeiz erliegen, können Sie in einem größeren Rahmen einen positiven Einfluss ausüben.

XIV. **Mondknotenachse – Eine Lebensaufgabe**

i. Zwischen Gegensätzen ein Gleichgewicht finden

Die dunklen Seiten des Lebens sind Ihnen nicht fremd; und Sie haben die Tendenz, auf eine fast destruktive Weise Konfliktsituationen und Krisen zu schaffen, weil Sie –überspitzt formuliert – mit der Einstellung leben, ja doch nicht mehr verlieren zu können. Geburt und Tod, Sexualität, Macht und deren Missbrauch dürften Ihnen auf seltsame Art vertraut sein, und auch die instinkt- und triebhaften Seiten im Menschen sind Ihnen nicht fremd. Diese Themen wecken immer wieder Ihr Interesse. So versuchen Sie vielleicht, mehr darüber zu wissen, Informationen zu sammeln und die Schattenseiten des Lebens mit rationaler Sachlichkeit anzugehen. Dabei dürften Sie oft die nötige Entscheidungsfähigkeit vermissen; Sie sehen so viele Möglichkeiten, dass Sie sich für keine ganz entscheiden können. Auch wenn Sie selber in Krisensituationen sind, suchen Sie nach Information, wie Abhilfe geschaffen werden könnte, und lehnten es zumindest in jungen Jahren ab, eine eigene Stellungnahme zu entwickeln und gemäß dieser zu handeln. Wie Treibsand, in den man immer wieder versinkt und stecken bleibt, hält Sie der Gedanke, doch auf nichts bauen zu können, sowie die Neigung, viele Wege zu sehen und sich für keinen ganz zu entscheiden, gefangen und hindert Sie auf Ihrem eigentlichen Lebensweg. Ihre Lebensaufgabe lautet symbolisch: Vertrauen entwickeln anstatt im Grübeln zu versinken, nicht so sehr um die „schwarzen Löcher" des Lebens zu kreisen, sondern den eigenen persönlichen Wert zu entdecken und zu entfalten. Das Leben wird Sie immer wieder auffordern, die altgewohnte Kontrolle über sich und über andere abzubauen. Echte Befriedigung finden Sie erst, wenn Sie dieses alte

Verhaltensmuster aufgeben zugunsten einer Einstellung, so zu sein, wie Sie nun einmal sind, egal wie viel Macht, Einfluss oder sexuelle Ausstrahlung Sie haben. Wenn Sinnlichkeit und Zärtlichkeit neben Sexualität Platz haben, wenn Sie Ihren eigenen Wert, Ihre Talente und Ihr ganz persönliches Sein entdecken und darauf bauen im Vertrauen auf eigene Kraft, finden Sie zu einer neuen Lebensqualität. Indem Sie aufbauen und entwickeln, was Ihnen wertvoll erscheint, und lernen, Ihre Energie konstruktiv zu nutzen, gewinnen Sie innere Sicherheit und Stabilität. Wichtig ist dabei, dass Sie die Herausforderungen annehmen und zu sich selber stehen, eigene Ansichten und Grundsätze entwickeln, auch wenn Sie sich dabei nicht auf eine Lehre oder ein Buch abstützen können. Indem Sie Entscheidungen fällen und einen klaren Standpunkt einnehmen, können Sie immer wieder die sehr befriedigende Erfahrung machen, dass Ihre Meinung von den anderen akzeptiert wird. All diese Aufforderungen mögen für Sie wie Abenteuer klingen, gilt es doch, sich dem Leben auf eine ungewohnte, bisher noch nicht geübte Art zu stellen. Doch ist es gerade dieses Ungewohnte, das Ihnen eine große Befriedigung vermitteln kann.

XV. **Chiron – Der verwundete Heiler**

i. Sich auf Gefühle einlassen ist ein heikles Thema

Eigenschaften wie Empfindsamkeit, Fürsorglichkeit, Geborgenheit und Wärme sind wichtig. Einerseits dürften Sie diesen Qualitäten mit einer gewissen Vorsicht oder sogar Misstrauen gegenübertreten, weil Sie vielleicht gerade damit schlechte Erfahrungen machen mussten, andererseits könnten dies zum Wundbalsam und Heilmittel für Ihre verletzliche Seite werden, wenn Sie sich dazu überwinden, vermehrt Ihre Gefühle zu zeigen, Nähe zu suchen und Geborgenheit zu geben und zu nehmen.

ii. Verletzlich in Meinungsfragen

Trifft man Sie an einer empfindlichen Stelle, wenn man Ihren Glauben in Frage stellt? Zweifeln Sie oft am Sinn Ihres Lebens und an der Richtigkeit Ihrer Weltanschauung und Lebensphilosophie? Vermutlich wurden Sie schon als Kind angehalten, Dinge zu glauben, die einer genauen Betrachtung nicht standhielten. Oder Sie idealisierten Menschen, die Sie schließlich aufs tiefste enttäuschten und Ihren Glauben an das Gute erschütterten. Insbesondere wenn Sie in einer christlichen Tradition aufgewachsen sind, ist eine ganzheitliche Sichtweise nicht einfach, Hell und Dunkel, Gut und Böse, Gott und Teufel als die zwei Pole ein und desselben Prinzips zu bejahen. Vielleicht suchen Sie nach einer besseren Wahrheit, bereisen fremde Länder und suchen das Heil in fremden Religionen. Oder Sie haben die Suche resigniert aufgegeben. Keinen Sinn und keine absolute Wahrheit zu finden, mag sehr schmerzhaft sein. Wenn Sie akzeptieren, dass Sie das Verlangen nach einer sinnvollen Bedeutung allen Seins und der letzten Wahrheit nie ganz stillen können, können auch Sie vielen Menschen zu mehr Lebenssinn verhelfen.

iii. Der Weg von Ichbezogenheit zu innerer Gelassenheit

Vielleicht fragen Sie sich manchmal, wer Sie eigentlich sind, woher Sie kommen und wohin Sie gehen. Sie möchten sich gerne zum Ausdruck bringen und gleichsam strahlen und stellen doch immer wieder fest, dass Sie auf Zurückweisung und Nichtbeachtung sehr empfindlich reagieren. Vielleicht sind es auch Mitmenschen, deren Strahlkraft Sie beeindruckt und Ihnen schmerzlich die eigene „Schwachstelle“ bewusst macht. Dies kann ein Anstoß sein, sich intensiver mit der Frage nach dem eigenen Wesen auseinanderzusetzen. Dazu gehört, dass Sie menschliche Schwächen wie Egoismus, Arroganz oder Stolz sowie die eigene Empfindlichkeit als Tatsachen akzeptieren. Durch die Beschäftigung damit werden Sie verständnisvoller für die Selbstverwirklichung anderer und können für viele zu einem heilenden Wegweiser werden.

iv. Nicht alles zu wissen, schafft Raum für intuitives Denken

Ihr Denken steht sowohl unter kultiviert-rationalen wie auch unter tierisch-instinkthaften Einflüssen. Letzteres mag Sie verunsichern, vor allem wenn sie seine Wirkung in Form von Gedächtnislücken, Verwirrung oder Nicht-verstanden-Werden erleben. Doch wenn Sie die Unmöglichkeit eines absolut rationalen und kontrollierbaren Verstandes anerkennen, so können die intuitiven und instinkthaften Anteile des Denkens ihre positive Seite entfalten und Sie dazu befähigen, den wahren Kern der Dinge intuitiv wahrzunehmen. Da Sie aus eigener Erfahrung wissen dürften, wie schwierig es ist, sich einem anderen Menschen mitzuteilen und von ihm gehört und verstanden zu werden, haben Sie in diesem Bereich ein großes Einfühlungsvermögen für andere und können vermutlich gut zuhören, Fürsprache für andere ergreifen oder Wissen weitervermitteln.

v. Schwächen liebevoll annehmen

Mit großer Wahrscheinlichkeit kennen Sie eine innere Instanz, die mit erhobenem Zeigefinger in der Haltung eines überstrengen und autoritären Patriarchen nur darauf wartet, Sie für Ihr Handeln, Sprechen und Denken zu kritisieren. Was auch immer Sie tun, es ist dem inneren Kritiker kaum je perfekt genug oder richtig angebracht. Solche inneren Zurechtweisungen wirken auf die Dauer sehr verletzend auf Selbstwertgefühl und innere Sicherheit. So neigen Sie dazu, sich an äußere Strukturen zu halten und nach außen eine Maske von Kompetenz, Autorität und emotionaler Unabhängigkeit aufzusetzen. Vielleicht gibt Ihnen eine gesellschaftliche oder berufliche Stellung den dazu nötigen äußeren Rahmen. Doch tief im Herzen dürfte der Schmerz über die eigene Unsicherheit kaum zum Schweigen zu bringen sein. Eine andere Möglichkeit, die fehlenden inneren Strukturen durch äußere zu ersetzen, bietet die Projektion. In diesem Fall gibt es in Ihrem Leben auffallend viele Autoritätspersonen wie Vorgesetzte, Partner oder Vertreter von Staat und Gesellschaft, die sich zwar das Recht herausnehmen, Ihnen Richtlinien vorzugeben, sich letztlich jedoch als unfähig erweisen, ihrer Verantwortung und Stellung gerecht zu werden und unzuverlässig oder allzu rigide sind. Auf diese Weise findet Ihr innerer Kritiker in der Außenwelt die „Schuldigen“. Ob Sie sich selber zum Schuldigen verurteilen oder ob andere Menschen, ein böses Schicksal, eine Krankheit oder Pech und Unglück herhalten müssen, so lange Ihr innerer Kritiker freies Spiel hat, kommen Sie nicht aus dem Teufelskreis von Kontrolle, Pessimismus und Schuldzuweisung heraus und verletzen sich und andere immer wieder von neuem. Es gilt, die unperfekte Welt der Formen anzunehmen und zu akzeptieren, dass die Realität nie ohne Fehl und Tadel sein wird. Es gilt, sich Ihrer

Unsicherheit zu stellen und Ihrer Neigung, sich und andere für Dinge zu verurteilen, die nun mal typisch menschlich sind. Indem Sie Ihre Schwächen wie treue Freunde oder eigene Kinder annehmen und die liebevoll beschützen, anstatt sie vom inneren Kritiker auspeitschen zu lassen, entwickelt sich in Ihnen ein Wissen um die Schwächen und Zweifel des Menschen wie um seine Möglichkeiten und Hoffnungen. Sie können so zu einer Autorität werden, die unabhängig von gesellschaftlicher und beruflicher Stellung eine Ehrfurcht gebietende innere Sicherheit und Menschenwürde ausstrahlt, im Wissen um die eigenen Schwächen Verantwortung übernimmt und auch andere dazu ermuntert.

XVI. **Lilith – Die weibliche Kraft der Seele**

i. Das Ringen um die absolute Wahrheit

Der Anspruch, die absolute Wahrheit zu kennen oder finden zu müssen, dürfte sich wie ein roter Faden durch Ihr Leben ziehen. Im gesellschaftlichen wie im philosophischen Bereich sind Sie kein Mitläufer, sondern stehen den konventionellen Formen eher ablehnend gegenüber. Das Nein, das mehr aus der Tiefe der Seele als aus dem Verstand kommen mag, zwingt Sie zu einem immer wieder neu aufflammenden „Glaubenskrieg", den Sie mit sich selber oder mit der Außenwelt ausfechten. Zeiten einer intensiven Suche wechseln mit Perioden maßlosen Sich-Gehen-Lassens, beispielsweise in Konsum, sinnlichem Genuss oder Verehrung eines Idols. Eine leidenschaftliche Suche nach mehr Lebenssinn und ein immer wieder neu ansetzender Versuch, die Grenzen der gegenwärtigen Existenz zu sprengen, bringen zwar manche schmerzhafte Unruhe in Ihr Leben. Sie zeigen Ihnen jedoch auch, dass eine einmal gefundene Wahrheit nach einer gewissen Zeit wieder fallen gelassen werden muss. Alles ist Zyklus. Auch Weltbilder und Anschauungen sind nicht von lebenslanger Dauer.

ii. Das Bedürfnis, sich in die materielle Welt einzugeben

Im Bereich des Geldes, im Umgang mit allem, was im weitesten Sinne Besitz ist, also mit materiellem Eigentum ebenso wie mit eigenen Talenten, Beziehungen oder auch geistigen oder spirituellen Werten, müssen Sie sich immer wieder neue Maßstäbe setzen. Der Bezug zu diesen Themen ist auf seltsame Art zweideutig. Möglicherweise möchten Sie vieles besitzen und empfinden die Verwaltung des Eigenen gleichzeitig als Last oder Einschränkung. Oder Sie möchten Wohlstand und viel Geld und scheuen den dazu nötigen Einsatz. Sie sammeln vielleicht irgendwelche Dinge und fragen sich gleichzeitig, warum Sie sich mit solchem Ballast versehen. Aber auch bezüglich des Umgangs mit dem eigenen Körper, mit Sinnenfreuden und Erotik ist Ihre Haltung kaum eindeutig klar. Letztlich sind all diese Bereiche Ausdruck Ihres Selbstwertes. Unter den sichtbaren Auswirkungen mag die zentrale Frage lauten: Was bin ich wert? So identifizieren Sie sich mit bestimmten Werten, beispielsweise einem Eigenheim oder einer Begabung. Doch irgendwann ist die Zeit dazu abgelaufen, Sie spüren, dass Sie loslassen und nach neuen Werten suchen müssen. Eine innere Stimme oder auch äußere Ereignisse mahnen Sie, sich von Altvertrautem zu lösen und weiterzuschreiten. Dem Ego mag dies nicht immer leicht fallen.

iii. Die Auseinandersetzung mit dem Mutterbild

Was bedeutet Ihnen die Mutter? Die Sehnsucht nach der Geborgenheit im Mutterschoß, nach Geben und Empfangen von Wärme und Zärtlichkeit mag sich in Fragen, Wünschen und Vorstellungen rund um das Mutterbild ausdrücken. Vielleicht erlebten Sie Ihre Mutter gleichzeitig als übermäßig fürsorglich und fordernd-verschlingend. Oder die Erinnerung an sie scheint irgendwie gefühllos zu sein. So gewichten Sie auch Ihr eigenes Bild von Frauen und Müttern entweder zu sehr oder werten es ab. Um sich von Ihrer eigenen Mutter zu lösen und eine gesunde Beziehung zu einer Frau aufbauen zu können, müssen Sie Geborgenheit in der eigenen Tiefe finden. Auch mit sich selbst gehen Sie ähnlich ambivalent um, schwanken zwischen Hass und Liebe sich selbst gegenüber, verweigern sich die Erfüllung Ihrer Bedürfnisse nach Geborgenheit und Wärme, ja, nehmen diese vielleicht nicht einmal wahr. Sie müssen erst im Verlaufe der Jahre lernen, sich selbst eine gute Mutter zu sein. Sie müssen Ihr eigenes inneres Kindnaturell suchen und ihm all die Wärme und Zärtlichkeit geben, die es in Ihrer Kindheit misste. Vielleicht fühlen Sie sich zu starken, mütterlich-fürsorglichen Frauen hingezogen. Oder Sie sind sogar gefühlsmäßig abhängig, weil sie – etwas provokativ formuliert – in der Partnerin einen Ersatz für Ihre Mutter suchen. Die damit verbundenen Erfahrungen können recht schmerzhaft sein. Doch sie kommen und gehen wie Wellen und spülen Sie jedes Mal etwas näher an Ihren Seelengrund. Eigentlich geht es darum, die eigenen Bedürfnisse wahrzunehmen und zu stillen. Es ist wichtig, in zyklischen Abständen inne zu halten und nach innen zu horchen, auch wenn Sie auf Schmerz und Trauer stoßen. Halten Sie immer wieder Zwiesprache mit Ihrer Seele und schenken Sie Ihr Gehör, so sind Sie nicht länger abhängig von äußeren Streicheleinheiten, sondern können mehr und mehr eine weibliche Urkraft voller Zärtlichkeit und Liebe aus Ihren Tiefen schöpfen und für sich und für andere im Überfluss ausgießen. Erst diese Seelenkraft vermag Sie als Frau so richtig zum Strahlen zu bringen.

iv. Liebe hat auch eine dunkle Seite

Wenn Sie mit einem anderen Menschen zusammenleben, so wollen Sie dies mit einer Hingabe und einem Absolutheitsanspruch, der weit über das hinausgeht, was ein Alltag zu zweit an Erfüllung zu bringen vermag. So reagieren Sie enttäuscht, ziehen sich zurück und bringen eine Spirale an gegenseitiger Ablehnung und Liebesbeteuerungen in Gang. Partnerschaft ist kein abstraktes Spiel mit klaren Spielregeln, sondern etwas, das zutiefst berührt. Sie mag gleichzeitig das schönste und das frustrierendste im Leben sein. Liebe findet nicht auf geradem und direktem Weg Erfüllung. Vielmehr scheint Ihnen ein innerer Dämon auf paradoxe Weise Genuss und Sinnlichkeit vorzuenthalten oder umgekehrt Sie davon abhängig werden zu lassen. Das Terrain von Beziehung, Erotik, Genuss und Sinnlichkeit ist eine Art Glatteis, wo Sie immer wieder ausgleiten und buchstäblich auf sich selber zurückgeworfen werden. Sie müssen lernen, auf Ihre innere Stimme zu horchen und das zu tun, was Ihnen gut tut. So finden Sie zu einer weiblichen Urkraft, die nicht in erster Linie Wille kreiert, sondern Sie auf eine eher passive Weise durch das zyklische Auf und Ab des Lebens trägt. Liebe wechselt mit Hass- und Rachegefühlen, Nähe mit kühler Distanz, Zweisamkeit mit Einsamkeit. Je besser der Zugang zu dieser emotionalen Kraftquelle, desto eher können Sie auch zulassen, dass Beziehungen sich laufend verändern, zerbrechen und neue Formen annehmen.

v. Der unerbittliche Sog nach innen

Das Tor zum Irrealen, zu archetypischen Bildern und Symbolen, zu Traum und Fantasie steht offen und lädt zum Eintreten ein. In der dahinter liegenden Welt gibt es keine rationalen Gesetzmäßigkeiten und auch keine Unterschiede zwischen Ich-hier-drinnen und Die-anderen-da-draußen. Dies mag Sie verunsichern. Vielleicht zögern Sie immer wieder, sich dieser inneren Welt hinzugeben. Vielleicht fühlt Ihr Ego sich bedroht, dass Sie grundsätzlich alles Irrationale ablehnen und lieber ganz auf dem Boden der realen Welt verbleiben. Dies würde Sie viel Energie kosten. Die Sehnsucht nach dem Namenlosen würde Sie letztlich doch erfassen und beispielsweise in depressive Zustände oder Missbrauch von Alkohol und anderen Drogen ziehen. Eine bewusste Auseinandersetzung mit Ihrer tiefgründigen Seite dagegen vermag Ihnen den Zugang zu einer kreativen, weiblichen Urkraft zu vermitteln. Etwas, das stärker ist als das Ich, als Vernunft und Planung, greift immer wieder in Ihr Leben ein, wirft das Steuer scheinbar mutwillig herum und lässt Sie zerbrechen, wenn Sie allzu stur auf einem einmal eingeschlagenen Kurs beharren. Liebe und Hass mögen oft nahe beieinander liegen. Manche rosarote Illusion mag unter den leidenschaftlichen Stürmen des Daseins zerbrechen und Ihnen gerade dadurch den Weg zu den eigenen Tiefen der Seele freigeben. Sind Sie flexibel und hingebungsvoll genug, sich von den Wellen des Schicksals tragen zu lassen, so können Sie immer mehr die Weisheit erkennen, die allem Sein zugrunde liegt.

vi. Ein Anstoß, verborgene Anlagen zu entfalten

Leben ist Entwicklung, Werden und Vergehen. Eine unbändige Kraft treibt Sie auf Ihrem Weg vorwärts. Die Stöße in die richtige Richtung können manchmal geradezu heftig sein. Je nachdem, ob Sie diese als willkommene Unterstützung oder lästige Ruhestörer empfinden, schreiten Sie mit Siebenmeilenstiefeln in neue Erfahrungen hinein oder fallen auf die Nase. Ihr Lebensfluss weist eine starke Strömung auf. Sich festzuhalten, am Ort verweilen zu wollen – und ist er noch so schön – kostet unglaublich viel Energie. Und zu guter Letzt werden Sie doch losgerissen und weitergeschwemmt. Doch wenn Sie nicht auf Ihrem momentanen Entwicklungsstand stehenbleiben wollen, nimmt der Prozess fast von alleine seinen Verlauf. Sie brauchen sich nur Ihrer inneren Stimme oder Intuition anzuvertrauen.

Printed by Books on Demand GmbH, Norderstedt / Germany